AF312933

Est-il conforme à un bon système de Finances de traiter les Terres, comme l'on a fini par traiter les Assignats ?

OU

RÉFLEXIONS sur la résolution du 26 pluviôse, *(concernant les parens d'émigrés, ainsi que les droits de successibilité de la république)*, considérée uniquement dans ses rapports avec l'intérêt du fisc et les ressources allouées au gouvernement pour subvenir aux dépenses extraordinaires de la guerre.

Par **St.-AUBIN**, *Professeur de législation.*

Le peuple d'Athènes avait confié à Aristide l'examen d'un projet de la plus haute importance pour la République, mais dont le succès dépendait du plus profond secret. Aristide, après l'avoir examiné, dit : Rien de si utile, mais rien de si injuste. — Nous n'en voulons pas, s'écria d'une voix unanime le peuple assemblé.

Qu'aurait dit le peuple d'Athènes, si le projet avait été non-seulement injuste mais encore inutile ?

VENTÔSE, AN VII de la République.

Le but de cet écrit n'est aucunement de combattre les dispositions de la résolution, conformes à celles de la loi du 9 floréal, qui assurent à la République, une indemnité dans le prélevement de la portion que pourrait avoir un émigré dans la succession de ses ascendans en ligne directe. Je ne combats la résolution du 26 pluviôse que parce que d'une part elle révoque la loi du 9 floréal, en l'aggravant par une successibilité de quinze années, à toutes les successions directes et collatérales, échues et à écheoir aux émigrés; successibilité impolitique et onéreuse pour la République qui y avait sagement renoncé : et que d'un autre côté elle contient un effet rétroactif, en ce qu'elle annulle la loi du 9 floréal, même pour le tems qu'elle a été en vigueur.

La résolution qui fait le sujet de cet écrit, peut être envisagée sous deux rapports principaux :

1º. Sous celui de l'intérêt de l'état, et particulièrement quant aux ressources qu'elle promet, comparées avec celles qu'elle détruit;

2º. Sous celui de la justice et du droit.

En d'autres mots, on peut examiner d'abord, si la résolution est *utile*, et ensuite si elle est *juste*.

Une marche inverse serait plus conforme, non-seulement au raisonnement du peuple d'Athènes, cité dans l'épigraphe, mais à l'expérience de tous les siècles et de t us les pays qui démontre que cette manière de voir du peuple d'Athènes dérivait des principes d'une saine politique, et que, pour un état, comme pour un particulier, rien n'est véritablement utile que ce qui est vraiment juste.

Mais les orateurs du conseil des anciens qui ont attaqué la résolution rejetée du 23 frimaire, *dont celle-ci n'est à très-peu de chose près qu'une copie paraphrasée*, l'ont déjà combattue sous le rapport da la justice et du droit ; et cela avec tant de force et de raison, qu'il n'est guères possible de présenter autre chose sur ce point, que le résumé de leurs opinions.

Au contraire, on s'est généralement peu attaché à démontrer que la résolution, loin d'être avantageuse au trésor public, occasionnerait une diminution considérable dans les ressources du gouvernement et dans les revenus de l'état (1).

___

(1) Le citoyen Cornudet, membre du conseil des anciens, le seul qui ait attaqué, sous ce rapport, la résolution du 23

C'est cependant la persuasion du contraire qui paraît avoir entraîné la majorité du conseil des cinq cens, non-seulement à prendre la résolution rejettée du 23 frimaire, mais à la reproduire sous une autre forme dans celle du 26 pluviôse ; car les légers changemens que contient celle-ci, ne portent que sur des objets accessoires, et ne font absolument rien au fond de la question. Le rapporteur sur-tout de cette dernière résolution, a insisté sur ce motif d'intérêt public, de manière à nous convaincre que sans cette grande vue, il n'aurait jamais proposé cette résolution au conseil. «Sur cette «base, dit-il, reposent les moyens de continuer, avec «succès, la guerre de notre indépendance, et d'assurer le «triomphe de la liberté des peuples ; elle peut seule «donner à la loi, sur les dépenses extraordinaires de «l'an VII, son entière et parfaite exécution, et subvenir «pour l'an VIII, *ainsi que pour les années subséquentes*, «aux besoins urgens du trésor public. »

Le rapporteur de la commission du conseil des anciens, qui a proposé le rejet de la résolution du 23 frimaire, va encore plus loin quand, dans ses nouvelles observations, il s'écrie : «C'est lorsque nous avons épuisé (1) tous les moyens «pour établir la balance entre nos recettes et nos dépenses, «et qu'il est, pour ainsi dire, reconnu que *le droit de suc-* «*cessibilité de la nation est intimement lié au crédit public*,

---

frimaire, a plutôt envisagé les funestes effets qu'elle produirait sur le crédit particulier, que ceux qu'elle pouvait avoir sur le crédit public, *en diminuant les ressources actuelles du gouvernement.*

(1) La France serait bien à plaindre si cette assertion, au lieu de n'être que l'opinion individuelle du raporteur, était un fait.

« qu'on vient vous proposer d'y faire renoncer la Répu-
« blique » !

D'ailleurs (et je prie le lecteur de méditer cette observation importante , fondée sur un fait incontestable) , si le
rapporteur et la majorité du conseil des cinq cents n'avaient
pas cru appercevoir , dans la résolution dont il s'agit , de
grandes ressources pour les besoins de l'état , est-il présu-
mable que le premier eut proposé , et , à plus forte raison ,
que le conseil eût adopté *une resolution qui a ceci de particulier que , parmi les trente millions d'habitans que contient le
sol de la république , il n'y a pas un seul individu qui y trouve
personnellement le moindre avantage , pas un seul qui se fût
jamais avisé de la demander pour son intérêt particulier ,
tandis qu'elle attaque la propriété et blesse les intérêts de milliers
de familles ?* Non , ce serait déconsidérer le corps législatif ,
ce serait faire tort à l'esprit de droiture et aux lumières de
ses membres , que d'admettre , pour un instant seulement ,
une supposition pareille.

Il est donc de la plus haute importance de faire voir que la
résolution proposée , loin d'être intimement liée au crédit
public , au crédit du gouvernement , lui porte le coup le
plus funeste ; *que , loin de subvenir aux dépenses de l'an
VIII , elle détruit une partie considérable des ressources de
l'an VII ;* que loin d'être un moyen pour établir la balance
entre nos recettes et dépenses , elle contribuera puissamment
à diminuer les premières et à accroître les secondes.

Observons, d'abord, que les ressources que le gouvernement peut trouver dans les biens nationaux , de quelque
part qu'ils proviennent, ne consistent pas dans la quantité

d'ares, en prés, vignes, bois ou terres labourables, qu'on lui accorde par des décrets, mais dans la valeur réelle qu'il peut tirer en les aliénant : on lui accorderait des milliards d'hectares qu'ils ne payeraient pas la solde d'un bataillon, s'il ne pouvait les vendre. Je ne parle pas du produit annuel, parce qu'à l'exception des forêts, dont la nation possède aujourd'hui à très-peu de chose près, la totalité, l'expérience constante des huit dernières années a démontré que le revenu des biens nationaux était à-peu-près nul pour le fisc, comme l'expérience de deux mille ans démontre qu'il en est ainsi de toute propriété, administrée pour le compte du trésor public. Quelle que soit d'ailleurs la masse de biens nationaux que la résolution paraisse promettre à la république, personne ne pourra disconvenir que leur *produit annuel* ne soit un infiniment petit, comparé aux besoins urgens du gouvernement, auxquels il s'agit de faire face. Aussi, aucun des partisans de la résolution n'a-t-il osé proposer de conserver, pour le compte de la république, les biens nationaux qui pourraient lui revenir de sa successibilité et du partage. Tous conviennent qu'il est de son intérêt que ces biens sortent promptement des mains de la nation ; quelques-uns même ont allégué, comme un motif en faveur de la résolution, que ces biens, étant vendus par petites portions, multiplieraient les propriétaires, et attacheraient les Français à leur gouvernement : raison de plus pour ne pas compter sur le produit annuel, et pour envisager uniquement le produit de la vente.

Observons en second lieu, que c'est à-présent, dans l'an VII, et au plus tard dans l'an VIII, qu'il faut au gouvernement des ressources extraordinaires, et non pas dans dix ans d'ici : pour peu donc que la résolution fasse tort aux ressources actuelles, tout ce que la république pourra tirer des successions éventuelles qu'elle lui promet, doit être regardé comme zéro.

Enfin, une troisième observation, et la plus essentielle de toutes, est qu'*il ne s'agit aucunement ici de combattre les dispositions de la loi du 9 floréal, qui assurent à la république une indemnité dans le prélèvement de la portion que pourrait avoir un émigré dans la succession de ses ascendans en ligne directe*, dispositions que maintient la résolution du 26 pluviôse. Je ne combats celle-ci que parce que non-seulement elle révoque la loi du 9 floréal en l'agravant, mais parce qu'*elle annulle cette loi, avec un effet rétroactif*. Et c'est ici que se présente une nouvelle preuve de cette antique vérité, que ce qui est vraiment utile est toujours juste ; car nous verrons bientôt que cet effet rétroactif, qui est un des principaux vices de la résolution sous le rapport de la justice et du droit, l'est également sous celui de l'intérêt de la république.

Cela posé, la loi du 9 floréal, en *ordonnant* le partage par anticipation des successions directes que les émigrés seraient en ordre de recueillir, si elles étaient ouvertes, fait *renoncer* à la république, au moyen de ce partage anticipé, à toutes successions directes et collatérales à écheoir. La loi du 11 messidor suivant, ayant suspendu celle du 9 floréal, il est intervenu la loi du 20 floréal an IV, qui a levé cette suspension et remis en vigueur (1) la loi du 9

---

(1) Nous reviendrons sur ce fait qui est contesté par le rapporteur du conseil des cinq cents, quoique la simple lecture de la loi du 20 floréal le rende incontestable.

floréal, avec cette modification seulement, que le partage des biens des ascendans d'émigrés, ordonné impérativement par la loi du 9 floréal an III, a été rendu facultatif par celle du 20 floréal an IV.

La résolution, en renouvellant aux ascendans d'émigrés l'obligation de faire, à l'instant, le partage anticipé de leur succession, abroge cette renonciation, et appelle encore la république à succéder du chef des émigrés pendant quinze ans à compter du jour de la publication de la paix générale (1). Comme ce partage anticipé, déjà prescrit par la loi du 9 floréal, que je ne combats pas, embrasse évidemment la presque totalité des succesions directes, tout espoir de ressource pour la république dans cette prolongation de successibilité des émigrés, se borne aux successions collatérales. Cette ressource peu considérable par elle-même est donc purement éventuelle ; elle ne peut être ni évaluée ni assurée au trésor public par aucun moyen imaginable ; donc elle est par le fait nulle pour ses besoins urgens dans les circonstances actuelles.

Mais si, sous ce rapport, les ressources *futures* que la résolution promet à l'état sont nulles, l'influence de cette même résolution sur les ressources *actuelles* du gouvernement ne l'est pas ; elle leur est au contraire des plus funestes.

En effet, ces ressources, tant ordinaires qu'extraordinaires, consistent :

1º Dans les biens nationaux déjà mis à la disposition du gouvernement.

____

(1) Epoque indéfinie, qui, lorsqu'il s'agit de propriétés, est absolument inadmissible.

(9)

2°. Dans le produit des contributions directes ;

3°. Dans celui des impôts indirects, parmi lesquels les droits d'enregistrement tiennent le premier rang.

Quant au premier article, une loi spéciale a accordé au gouvernement 125 millions à prendre sur le produit de la vente des biens nationaux vendus uniquement contre numéraire, et à des termes assez rapprochés. Et quoique d'après cette même loi, la première enchère ou la mise à prix ne soit que de huit fois le revenu annuel, tandis qu'en tems ordinaire elle aurait été au moins de quinze fois ce revenu, cependant la dépréciation de tous les immeubles en général et la rareté du numéraire sont telles, que même à ce taux, il eût été impossible de vendre la quantité de biens nationaux nécessaire pour produire la moitié des 125 millions espèces, si le gouvernement n'avait cherché à activer les ventes et à augmenter le nombre des acquéreurs, par une combinaison des plus heureuses. Cette combinaison est d'avoir stipulé avec les entre - preneurs des différens services, que leurs fournitures seraient payées moitié en numéraire ou bons décadaires, et moitié en délégations sur le produit de la vente des biens nationaux vendus conformément à la dernière loi, et que pour faciliter l'emploi de ces délégations, elles seraient admises comme numéraire dans le paiement du prix de l'adjudication à l'enchère.

Par-là, le nombre des concurrens est augmenté de tous les fournisseurs qui ont des délégations à placer, ainsi que des gens à argent, qui, en escomptant ces déléga- tions, espèrent obtenir indirectement une diminution sur le prix réel de la vente. Par-là enfin, une partie du service est mieux assurée qu'elle ne le serait si les délégations, au lieu d'être admissibles comme numéraire dans le paiement du prix, étaient simplement données sur le produit de la vente.

Mais quelque heureux que soit cet expédient sous tous les rapports, quoique ce soit évidemment le meilleur parti qu'on puisse tirer de la ressource accordée par la loi, on ne peut se dissimuler que les 125 millions (1) retirés de cette manière ne soient une véritable valeur nominale, tandis que la valeur réelle est celle que les fournisseurs comptent pouvoir retirer en espèces, soit en cédant leurs délégations aux autres acquéreurs, soit en revendant sur-le-champ les biens nationaux acquis en leur propre nom ; car c'est d'après la perspective de cette valeur réelle qu'ils ont stipulé et stipulent les prix de leurs fournitures. Pour qu'il en fût autrement, il faudroit qu'ils pussent garder les biens nationaux acquis, en attendant une occasion favorable pour la revente, et cependant continuer toujours le service ; ce qui est tellement au-dessus de tous les moyens des individus et même des compagnies les plus riches, que personne, je crois, ne s'avisera d'exiger que je le démontre. Or, la valeur réelle que peuvent retirer des biens nationaux vendus ou à vendre les entrepreneurs, et par conséquent la république qui paie avec cette monnaie la moitié de leurs fournitures,

____

(1) Ou la portion quelconque des 125 millions décrétés, qu'on pourra retirer de la vente des biens nationaux ; car je doute fort que même en employant l'expédient proposé, on parvienne d'ici à bien du tems à vendre assez d'immeubles pour retirer la totalité de cette somme.

dépend évidemment de la valeur vénale qu'ont les im-meubles mis en vente. Si ceux-ci se vendaient au de-nier vingt, comme autrefois, il n'en faudrait que pour 125 millions valeur 1790, pour en retirer une pareille somme en valeur réelle ou espèces, tandis qu'il en faudra le double, ou pour 250 millions valeur 1790, si l'on ne peut vendre les mêmes biens qu'au denier dix. Il n'en faut pas d'avantage pour faire entrevoir d'avance à tout homme sensé, que si le gouvernement retire 100 mil-lions d'une quantité donnée de biens nationaux mis en vente conformément à la loi, il est très-possible qu'en augmentant de moitié cette quantité d'immeubles, loin de retirer 150 millions du tout ainsi augmenté, il n'en retire pas quatre-vingt ; il suffirait pour cela que la valeur vé-nale des immeubles diminuât dans la même proportion, ou que ce même bien qui se vendait au denier quinze, ne se vendît plus qu'au denier dix. C'est ici sur-tout que se vérifie le vieux proverbe qui dit qu'en finances, deux et deux ne font pas quatre.

En effet, la valeur vénale des immeubles en général se déprécie ; 1°. par une grande quantité de biens mis à la fois en vente, ou simplement par la perspective d'une grande quantité à vendre.

2°. Par la rareté du numéraire et le haut intérêt de l'argent qui en est la suite, et qui empêche les gens qui en ont encore, de le placer en terres, parce qu'ils en tirent un meilleur parti en le prêtant à intérêt ou en escomptant.

3°. Par l'instabilité des lois sur les propriétés fon-cières, qui en rend la possession moins sûre et moins intacte que celle de toute autre propriété quelconque.

Il est aisé de faire voir que la résolution du 26 pluviose réunit tous ces vices.

1°. La prolongation ou plutôt le renouvellement de la successibilité de la république à laquelle celle-ci avait formellement renoncé par la loi du 9 floréal, au moyen du partage anticipé avec les ascendans des émigrés, présente la perspective d'une quantité incalculable de biens à partager et à vendre, pendant les quinze années et plus, que doit durer ce droit de la part de la République. On se tromperait cependant en croyant que c'est elle qui les vendrait tous ; car comme l'a très-bien observé un orateur des anciens, aucune loi ne donnant ni ne pouvant donner un moyen pour assurer à la République les successions en ligne collatérale, (les seules que promet cette successibilité prolongée,) le trésor public en sera journellement frustré par des ventes simulées, ou par des ventes réelles faites à l'extrémité de la vie. Mais les unes et les autres présentant toujours beaucoup de biens à vendre, n'en opéreront pas moins une baisse considérable dans la valeur vénale des immeubles. Je répète, au reste, qu'il ne s'agit ici que de l'article de la résolution qui rappèle la successibilité de la république aux successions à écheoir, et sur-tout aux successions collatérales ; et non pas des biens résultans du partage anticipé avec les ascendans, partage consacré par la loi du 9 floréal, (1) consommé d'ailleurs, ou commencé par beaucoup de familles, partage auquel je

---

(1) Pour jetter de la défaveur sur cette loi, on a été jusqu'à lui reprocher *sa date* qui est de l'an III. Il faut être bien pauvre en bonnes raisons pour en alléguer une aussi pitoyable. Aussi Cornudet lui a-t-il imprimé le cachet du ridicule qu'elle mérite, en répondant que la constitution est aussi de l'an III.

soutiens qu'il faut s'en tenir, plus encore pour l'intérêt de la république que par esprit de justice.

2°. La résolution augmentera encore la rareté déjà assez grande du numéraire, et par conséquent aussi l'intérêt de l'argent. Ceci ne demande pas beaucoup de démonstrations ; il suffit de se rappeler, d'une part, qu'elle présente la perspective d'une grande quantité de biens à vendre, ce qui ne peut qu'occasionner une plus forte demande d'argent; et d'un autre côté, que l'intérêt de l'argent hausse toujours avec le bas prix ou la dépréciation des immeubles.

3°. La résolution, si elle était adoptée, donnerait l'exemple le plus funeste de l'instabilité des lois sur les propriétés foncières, vice qu'elle renferme, sous plusieurs rapports, au plus haut degré. Car non-seulement elle révoque la loi du 9 floréal, regardée, avec raison, comme fondamentale pour les propriétés de milliers de familles, en rappelant, pour l'avenir, la successibilité de la république, à laquelle celle-ci avait renoncé moyennant le partage anticipé, successibilité qui, par l'étendue indéfinie des successions collatérales, peut entamer, par la suite, la moitié des propriétés foncières de la république ; mais la résolution, en étendant cette révocation même aux successions échues pendant que la loi du 9 floréal a été en vigueur, contient un effet rétroactif qui suffit pour inquiéter tous les propriétaires, et pour détourner ceux qui ne le sont pas, de l'acquisition de richesses immobiliaires, plus sujettes que toutes les autres aux effets des lois rétroactives, parce que les immeubles sont plus en évidence, et qu'il est plus difficile de s'en défaire au besoin. Car si, aujourd'hui, on revient sur cet objet, on peut, demain, revenir sur un autre ; ensorte qu'aucun propriétaire n'est à l'abri de la crainte de voir envahir ou entamer sa propriété , d'un moment à l'autre , par quelque article rétroactif qui se sera glissé dans une loi.

Pour éluder ce reproche de rétroactivité , qu'on voyait bien être plus que suffisant pour faire rejetter la résolution , on a eu recours à plusieurs raisonnemens assez mauvais , pour que ce soit même leur faire beaucoup d'honneur que de les appeler sophismes.

Le premier consiste à restreindre la renonciation , contenue dans l'article XXV de la loi du 9 floréal , aux seules familles qui auraient *effectué* le partage anticipé , *ordonné* par la loi. Cet article est ainsi conçu :

« *Au moyen des dispositions ci-dessus* , toute la législation, « relative aux familles des émigrés , est abolie , et la nation « renonce à toutes les successions qui pourraient leur écheoir « à l'avenir , tant en ligne directe que collatérale , n'enten- « dant recueillir que celles ouvertes jusqu'à ce jour ».

S'appuyant des mots : *Au moyen des dispositions ci-dessus,* on prétend que la renonciation ne regarde que les familles qui se seront conformées à ces dispositions , en effectuant le partage prescrit.

Mais, d'abord, cette interprétation est contraire au sens littéral de l'expression ; car , certainement, *dispositions ,* et sur-tout *dispositions d'une loi ,* ne veut pas dire *exécution de ces dispositions de la part de ceux qu'elles regardent :* exécution qui , en mille circonstances , peut ne pas dépendre d'eux.

Cette interprétation est contraire au sens grammatical que tout homme , tant soit peu impartial , donnera nécessaire-

(15)

ment à cette expression isolée. Si le législateur d'alors avait voulu faire la restriction qu'on veut lui faire faire aujourd'hui, n'est-il pas évident qu'après les mots : *au moyens des dispositions ci-dessus, toute la législation, relative aux familles des émigrés, est abolie,* il aurait ajouté : *en faveur de celles qui se seront conformées à ces dispositions ?*

Cette interprétation forcée est contraire à l'article III de la loi même, qui ordonne impérativement le partage à faire par tous les ascendans d'émigrés sans distinction, et qui dit que des experts nommés d'office raporteront la déclaration, ordonnée aux frais de ceux des ascendans qui ne l'auront pas fournie dans le délai prescrit.

Donc si les mots : *au moyen des dispositions ci-dessus* signifiaient, *au moyen de l'exécution de ces dispositions,* je demande quelles seraient les familles d'émigrés auxquelles serait restreinte la renonciation, contenue dans cet article et faisant suite de ces mêmes mots ? toutes, sans exception, n'étaient-elles pas soumises à ces dispositions impératives ? Cette phrase, interprétée ainsi, n'aurait donc pas de sens.

Enfin, si cette interprétation pouvait être adoptée, que seraient devenues les successions échues aux émigrés qui n'avaient plus d'ascendans vivans, et dont les familles ne pouvaient, par conséquent, procéder au partage prescrit par la loi ? La successibilité à laquelle la loi du 9 floréal fait, avec raison, renoncer la république, aurait-elle été prolongée uniquement pour elles, et sans qu'il fut de leur faute, sans qu'elles pussent l'empêcher ? cela ne tomb pas sous les sens.

Pour éluder le reproche de retroactivité, fait à la résolution, on dit encore : que la loi du 9 floréal a été abrogée par celle du 11 messidor qui l'a suspendue.

Mais d'abord *suspension* et *abrogation* ne sont pas synonimes, et puis cette suspension momentanée a été levée elle même par la loi du 20 floréal an IV, qui a remis en vigueur la loi du 9 floréal, en rendant seulement facultatif le partage anticipé que cette dernière avait rendu impératif.

Et ici, on ne peut s'empêcher d'être surpris de trouver dans la résolution proposée un article qui dit : *les lois des 9 floréal*, 11 MESSIDOR AN 3 et 20 *floréal an 4 sont rapportées.* Que fait ici cette loi du 11 messidor, intercalée entre les deux autres ? N'était-elle pas déjà rapportée par la loi du 20 floréal qui a levé la suspension qu'elle prononce? Rapporte-t-on ici cette loi *déjà rapportée* pour donner à entendre que la loi du 20 floréal n'a pas levé la suspension prononcée par celle du 11 messidor, n'a pas remis en vigueur la loi du 9 floréal ? Ce subterfuge pour cacher un autre effet rétroactif de la résolution proposée, le couvre si mal, qu'il suffit de lire et comparer *les titres* des lois citées, pour le découvrir de suite.

La résolution contient donc bien évidemment et sous plusieurs rapports un effet rétroactif relativement aux propriétés: donc elle est par cela seul contraire aux intérêts bien entendus du trésor public, en ce qu'elle déprécie les biens nationaux qui sont dans sa possession et qui forment une de ses principales ressources, en faisant baisser la valeur vénale des immeubles, première branche de la richesse nationale. Sous ce rapport, l'effet rétroactif d'une loi, toujours funeste

à la prospérité publique, l'est surtout lorsque cette rétroactivité porte sur les propriétés foncières : c'est sous ce point de
vue seulement que je combats celle que contient la résolution
proposée, laissant à d'autres le soin de la combattre sous le
rapport du droit.

Il y a plus, si la successibilité de la république à toutes les
successions collatérales, telle que la résolution l'établit,
pouvait avoir l'effet que les ventes simulées ou réelles l'em-
pêcheront toujours d'avoir en sa faveur, les partages suc-
cessifs qu'elle occasionnerait dans les cas très-nombreux de
cohéritiers, aviliraient bien autrement les propriétés foncières, tant par le partage continuel même qui finirait par
opérer un véritable morcellement des patrimoines, que par
les discussions continuelles que le fisc aurait avec les citoyens.

Il est donc démontré que la résolution proposée tend à
avilir et pendant plus de quinze années, c'est-à-dire, *pendant la moitié de l'existence d'une génération entière*, la
valeur vénale de toutes les propriétés foncières, et que sous
ce rapport les biens nationaux qu'elle promet au gouvernement pour l'avenir, loin d'ajouter à ses ressources diminue-
raient la valeur réelle qu'il pourrait tirer de ceux qu'on a déjà
mis à sa disposition.

Ce serait ici le cas d'insister sur la diminution bien plus
funeste encore que cet avilissement des propriétés foncières
monnoyées comme autrefois le papier aux assignats causerait
dans la richesse nationale et dans les ressources particulières
des citoyens. On est effrayé lorsqu'on considère que la
richesse territoriale de la France qui avant la révolution était
portée, par les calculateurs les plus modérés, à vingt-quatre

milliards., est. réduite aujourd'hui au-dessous de quinze, tandis que le territoire de la république a été augmenté de près d'un quart en surface. On est effrayé lorsqu'on considère qu'avec chaque année de revenu dont on diminue la valeur vénale des terres par une vente forcée de biens nationaux ou par toute autre disposition législative quelconque, *on jette, par le fait, plus d'un milliard et demi de notre capital par les fenêtres.*

Mais comme il s'agit ici des besoins urgens du gouvernement, je n'insisterai que sur le tort que cet avilissement des propriétés foncières fait au recouvrement des contributions de toute espèce. Cela se conçoit aisément pour l'impôt direct, en ce que le propriétaire et le fermier, déjà ruinés par le bas prix des grains, ne peuvent, si les propriétés sont peu recherchées et avilies, ni vendre une portion de leur bien, ni emprunter sur le tout pour payer leurs impositions, et faire les améliorations et avances nécessaires à la culture. Cet inconvénient est particulièrement attaché à l'impôt foncier levé en argent, comme il l'est depuis long-tems dans presque tous les pays policés de l'Europe; il finit par devenir presqu'irrecouvrable, lorsqu'au bas prix des denrées qui forment le revenu, se joint le bas prix des terres qui forment le capital. Cette idée est si naturelle que je suis surpris qu'elle ne soit jamais venue à ceux qui déplorent la difficulté du recouvrement de la contribution foncière, et surtout les nombreux garnisers qu'il exige, quoiqu'on ne puisse certainement pas reprocher à l'impôt en lui-même, qu'il soit exhorbitant. Le citoyen Arnould, membre du conseil des anciens, est le seul qui ait fait entrer cette considération dans ses réflexions sur les charges des propriétaires; les autres orateurs ou écrivains ne parlent presque jamais de la valeur vénale des terres qu'en passant ; tous s'attachent au revenu.

Mais le produit des impôts indirects dépend également de l'aisance des propriétaires qui font travailler directement ou indirectement tous les gens industrieux , des propriétaires qui sont la source de toute consommation et réproduction, et qui, si cela continue, finiraient par ne plus pouvoir payer aux ouvriers leurs salaires. Le produit du droit d'enregistrement , sur-tout , le plus important de tous les impôts indirects , est diminué dans une proportion incalculable par l'avilissement des immeubles sur lesquels il se perçoit ; avilissement qui rend les mutations en général plus rares , et le produit de chaque mutation plus faible.

J'ai dit que des ventes simulées ou réelles enlèveraient à la république la plus grande partie des biens que lui promet la successibilité que lui accorde la résolution pendant quinze ans , aux successions collatérales des émigrés. Mais quand même , *et par impossible* , il y aurait un moyen qui n'existe pas , de lui assurer tous les immeubles de ces successions , la ressource que le gouvernement pourrait tirer en les mettant en vente , serait plus que contrebalancé par la hausse de l'intérêt de l'argent, suite nécessaire d'une plus forte demande , soit pour payer les biens nationalisés vendus , soit pour acheter ceux qui ne le sont pas , mais que les propriétaires actuels chercheraient à y soustraire ; car cette hausse de l'intérêt de l'argent rend les fournitures , non-seulement plus chères, mais plus difficiles, parce qu'elle en éloigne une foule de gens à argent qui trouvent plus commode de le faire valoir sur la place. Sous ce rapport , on peut dire avec vérité qu'en accordant au gouvernement, pour tant de millions de biens nationaux, de plus, lorsqu'il est déjà embarassé de vendre ceux qu'il a, on lui ôte d'un côté plus qu'on ne lui donne de l'autre. Aussi toutes les fois que j'entends proposer sérieusement d'accorder encore des biens nationaux, comme une ressource pour les besoins urgens du gouvernement, je ne puis m'empêcher de comparer sa situation financière à la position militaire de Pyrrhus, qui dit: *Encore deux victoires comme celle-ci, et je suis ruiné.*

Cette erreur capitale à laquelle il faut attribuer une foule de fausses mesures en finances, provient de ce qu'on assimile mal-à-propos les ventes de biens nationaux faites au commencement de la révolution et du tems des assignats, avec celles qu'on fait aujourd'hui contre du numéraire, tandis qu'il y a ici une différence énorme.

Pendant que les assignats circulaient, on ne pouvoit trop vendre de biens nationaux, parce que c'était le seul moyen de donner de la valeur à la seule monnaie que nous eussions et qu'il était important de faire valoir; aujourd'hui je ne crois personne assez fou pour chercher les moyens de donner à l'argent comparativement aux terres, plus de valeur que malheureusement il n'en a.

Alors, aussi on pouvoit toujours vendre les biens nationaux à un prix raisonnable; 1°. parce qu'à côté des biens à vendre, on émettait le signe nécessaire pour les payer, tandis qu'aujourd'hui chaque émission de terres rend le signe plus rare; 2°. parceque le nombre des non-propriétaires disposés à acquérir des propriétés foncières et à les payer, était bien plus considérable. Aujourd'hui, la concurrence pour les achats est si petite, et le nombre de ceux qui voudraient vendre est si considérable, qu'on dirait qu'il règne une espèce de maladie épidémique, à laquelle je donnerais volontiers le nom de *dégoût d'immeubles, causé par une indigestion générale.*

Alors il était important de subdiviser et de faire circuler les propriétés gigantesques des gens de main-morte et des gros propriétaires : aujourd'hui, cette subdivision que la successibilité de la république finirait par réduire à un véritable morcellement des patrimoines, serait plutôt nuisible qu'avantageuse.

Alors enfin, on attachait avec chaque vente une foule de citoyens à la révolution : aujourd'hui, en continuant de confisquer, de partager et séquestrer par le fait, et en exposant la plupart des propriétés foncières à la chance d'un séquestre et d'un partage forcé par la suite, effet inévitable de la successibilité presqu'indéfinie du fisc, on ferait beaucoup de mécontens et un petit nombre d'heureux, si toutefois on peut appeler heureux celui qui paye à l'enchère ce qu'une chose vaut au moment de la vente. On aliénerait donc plus de citoyens qu'on n'en attacherait à la république. Quelle différence !

A dieu ne plaise que je veuille déprécier les ressources réelles et extraordinaires que présentent les biens nationaux existans et éventuels, même en y joignant ceux des partages faits et à faire, conformément à la loi du 9 floréal, avec les ascendans d'émigrés. Aucun écrivain que je sache, n'a plus fait valoir ces ressources que moi. Mais pour qu'elles continuent de l'être, il ne faut pas avilir tous les immeubles , en vendant et surtout en nationalisant à tort à travers. Il ne faut pas voir dans les biens nationaux toutes les ressources même extraordinaires de l'état dans un empire qui renferme une population de trente millions d'ames répandue sur le sol le plus fertile et vivant sous le plus beau climat de l'Europe. Il faut par un juste équilibre entre les recettes et les dépenses relever le crédit public , le crédit du gouvernement et faire baisser ainsi l'intérêt de l'argent qui joint au bas prix des terres est bien le plus lourd impôt qui puisse peser sur le peuple. Autrement nous nous trouverons bientôt par rapport aux biens nationaux au même point où nous étions vers la fin des assignats lorsque le prix qu'on pouvait en retirer ne payait plus la façon (1).

Ce qu'on vient de lire suffit je crois pour démontrer jusqu'à l'évidence, que la résolution du 26 pluviôse en tant qu'elle rapporte la loi du 9 floréal , en faisant revivre pour quinze ans une successibilité à laquelle cette loi avait fait renoncer la république, et en proposant même des dispositions rétroactives , loin d'augmenter les ressources futures du gouvernement tend à diminuer considérablement celles qu'il a dans les biens nationaux , dans le produit des contributions directes et des impôts indirects. La résolution est donc au moins *inutile.*

---

(1) Les terres même seraient , en quelque façon , plus maltraitées que les assignats ; car ceux - ci une fois émis , ne rentraient plus que pour être brûlés , tandis que la même terre nationalisée et vendue , pouvant , à l'aide de cette sempiternelle successibilité , être confisquée une seconde et troisième fois , deviendrait une espèce d'assignat remis autant de fois au pilon.

D'après cela il est presque superflu de démontrer qu'elle est injuste ; le doute seul doit suffire ici , car quel est l'homme qui voudrait voter pour une mesure qui ne produit évidemment aucun bien et qui au moins peut-être injuste ; que nombre de législateurs accusent même de l'être. Cornudet au reste a demontré cette injustice dans une seule phrase qui vaut bien un volume lorsqu'il dit : que *la politique, pas plus que la justice civile, ne peut voir des hommes nés coupables.*

ST. - AUBIN.

A PARIS,

De l'Imprimerie de la veuve GALLETTI , rue et maison des ci-devant Capucines.

[illegible]

A PARIS,

Chez [illegible], Imprimeur [illegible], rue [illegible].
[illegible]